Originelle Verpackungsideen
für schöne Geschenke

Karin Winkler

Originelle Verpackungsideen für schöne Geschenke

ENGLISCH VERLAG

CIP-Kurztitelaufnahme der Deutschen Bibliothek

Winkler, Karin:
Originelle Verpackungsideen für schöne Geschenke
Karin Winkler — Wiesbaden: Englisch, 1987, 7. überarb. Auflage 1991.
ISBN 3-88140-267-5

Printed in Spain.

Die Ratschläge in diesem Buch sind von Autorin und Verlag sorgfältig erwogen und geprüft, dennoch kann eine Garantie nicht übernommen werden. Eine Haftung der Autorin bzw. des Verlages und seiner Beauftragten für Personen-, Sach- und Vermögensschäden ist ausgeschlossen.

Inhaltsverzeichnis

Vorwort 7

Allgemeines 10

Kleine Verpackungshilfen 13

Das einfache Päckchen 16

Verpackung für runde Dosen oder Flaschen 21
- Falten 22
- Einschneiden 22
- Raffen 25

Flaschen 27
- Der obere Abschluß 30

Schleifen 31
- Die 3lagige Schleife 34
- Schlingschleife einfach 34
- Schlingschleife mehrfach 34
- Pompon 35
- Biedermeier-Schleife 36
- Ringschleife 37

Aus der Natur 40

Mit Folien arbeiten 47

Werkstoff Papier 54

Anhang 59

Vorwort

Dieses Buch wendet sich an alle, denen es Freude macht, ein Geschenk liebevoll und originell zu verpacken.
Es soll jedoch nicht nur die sogenannten Begabten ansprechen, sondern insbesondere diejenigen, die ihre „Begabung“ bis heute nicht erkannt haben und demzufolge an ihre Fähigkeiten bisher nicht glaubten.
Alle Beispiele in diesem Buch arbeiten mit Verpackungsmaterialien, mit denen wir täglich konfrontiert werden.
Bei eingehender Betrachtung wird man feststellen können, daß jeder normal begabte Mensch diese Vorschläge seinen Fähigkeiten und seiner Erfindungsgabe entsprechend für sich umsetzen kann.
Es ist ein Leichtes, durch eine ansprechende Verpackung Bewunderung und Begeisterung zu erzielen; jedoch sind wir heute angesichts des reichhaltigen Warenangebots nur zu gern geneigt, uns vieles aus den Händen nehmen zu lassen.
Um jedoch unserer natürlichen Begabung freien Lauf lassen zu können, müssen wir einen Weg finden, der durch den Umgang mit den Werkstoffen die Freude weckt, Neues zu entdecken und umzusetzen.
Das vorliegende Buch soll Grundkenntnisse, Tips und kleine Tricks vermitteln und wird, so hoffe ich, durch die anschaulichen Beispiele den Betrachter anregen, eigene Ideen zu verwirklichen und Originalität anzustreben.

Karin Winkler

Allgemeines

Es ist nicht wichtig, ein Übermaß von Papier, Dekor und Schleifenmaterial zu verwenden, sondern vielmehr eigene Ideen, die zum Ausdruck bringen, wieviel Freude das Verpacken des Geschenkes gemacht hat.

Da in der Mode schon lange „Ton in Ton" maßgeblich ist, sollte auch beim Verpackungsmaterial Wert auf gute Farbabstimmung gelegt werden.

Es sind jedoch einige wichtige Grundsätze zu beachten, die im einzelnen noch erläutert werden.

In jedem Fall ist es ratsam, hat man die Freude am Verpacken erst einmal entdeckt, einen kleinen Vorrat an Schleifen, Bändern, Papier und sonstigem Dekormaterial anzulegen.

Wenig Mühe bereitet es, bei einem Spaziergang einige Blätter, Gräser und Blüten zum Trocknen mit nach Hause zu nehmen und sie entsprechend zu präparieren.

Während des ganzen Jahres bietet die Natur ein unerschöpfliches Reservoir. Auf diese Art und Weise haben wir stets ein vielseitiges und Preiswertes Dekormaterial zur Verfügung.

Wem der Weg durch Wald und Wiese zu mühsam ist, findet auch im heimischen Garten, was er benötigt. Bedenkt man, was man verschenken will und an wen, so ergeben sich genügend Hinweise auf die äußere Gestaltung eines Päckchens.

Der gute Rat

Wenn Sie gerne mit frischen Blüten arbeiten und einige konservieren wollen, können Sie dazu Silikalgel oder Waschpulver verwenden, wobei Sie die besseren Ergebnisse mit Silikalgel erzielen. Blätter oder Gräser trocknen Sie einfach an der Luft. So bekommen einige Blätter bizarre, sehr dekorative Formen, mit denen Sie Ihren Geschenkpäckchen eine besondere Note verleihen können.

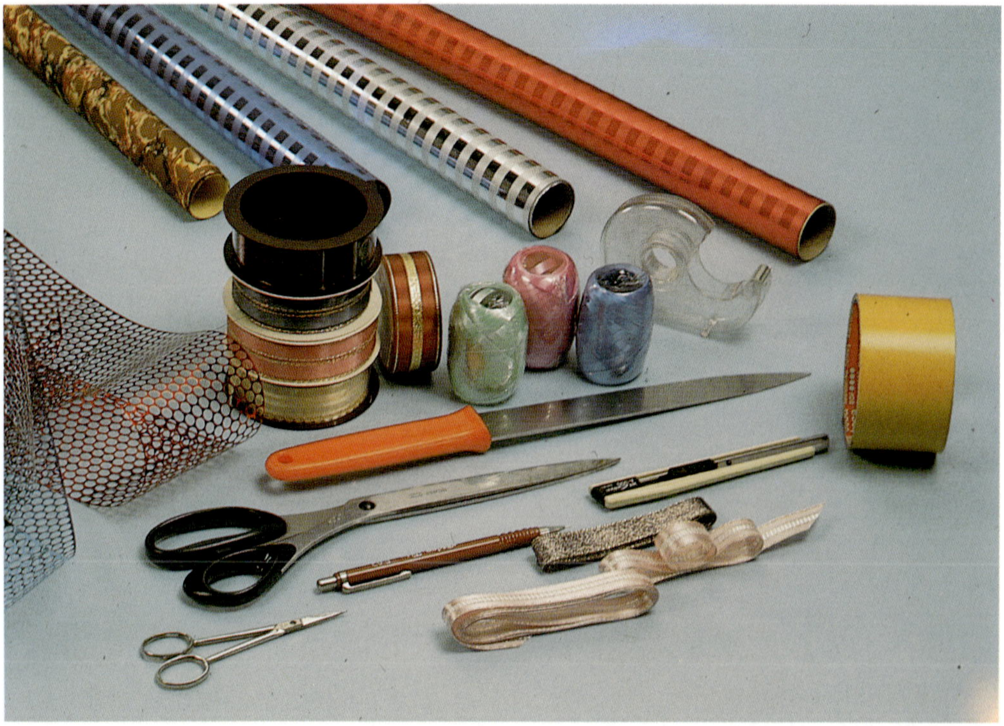

Kleine Verpackungshilfen

Machen Sie sich bitte, bevor Sie ein Päckchen verpacken, die Mühe, das Papier korrekt zu bemessen; es erleichtert später das ordentliche Arbeiten.
Trennen Sie Ihr Papier nicht mit der Schere, verwenden sie lieber ein glattes Messer, oder noch besser einen Cutter. Sie bekommen so glatte Kanten, die nach innen abflachen, wenn Sie die Papierinnenseiten aufeinanderlegen und dann voneinander trennen.

Gestatten Sie sich nur bei gemustertem Papier Selbstklebestreifen. Arbeiten Sie bei einfarbigem Papier lieber mit zusammengerolltem normalem oder einfacher mit doppelseitigem Klebeband, das es in unterschiedlichen Breiten gibt. Schneiden Sie sich, wenn das Band zu groß ist, lieber kleinere Stücke zurecht

Der gute Rat
Ist Ihnen die Lieblingsfarbe des zu Beschenkenden bekannt, wählen Sie entsprechendes Papier, Bänder und Dekor.

und kleben Sie diese dann innen an den Überschlag. Bevor Sie endgültig den Überschlag befestigen, knicken Sie ihn einmal um. Erst dann lösen Sie die 2. Seite des Klebestreifens und drücken den Überschlag fest an. Sie haben so eine ordentlichere Abschlußkante.
Selbstverständlich können Sie auch Herzchen oder andere Zierkleber verwenden, die es in jedem Papiergeschäft zu kaufen gibt.
Üben sollten Sie an einem sogenannten Starter-Kit oder Grundpaket.
Es ist die einfachste Methode, sich hieraus zu verbessern und seine Fähigkeiten auszubauen.

Love
Love

Das einfache Päckchen

Nennen Sie es wegen der Einfachheit der Ausführung das „Grundpaket“. Es soll Ihnen auch in bildlicher Form helfen, Ihre Verpackungen leichter, besser und schneller herzustellen. Legen Sie ihr Päckchen auf das Papier. Arbeiten Sie bitte nicht zur Mitte, sondern bis zum äußersten Rand. Dies ist keine Verschwendung, sondern erhöht beim Auspacken die Spannung. Legen Sie den Überschlag bis zum Paketende zurück und geben Sie ca. 1 – 2 cm dazu. Die seitliche Papierzugabe bis höchstens Pakethöhe.

Streichen Sie die markierten Kanten mit dem Messerrücken glatt. Achten Sie jedoch vorher auf Bündigkeit der Papierhälften.

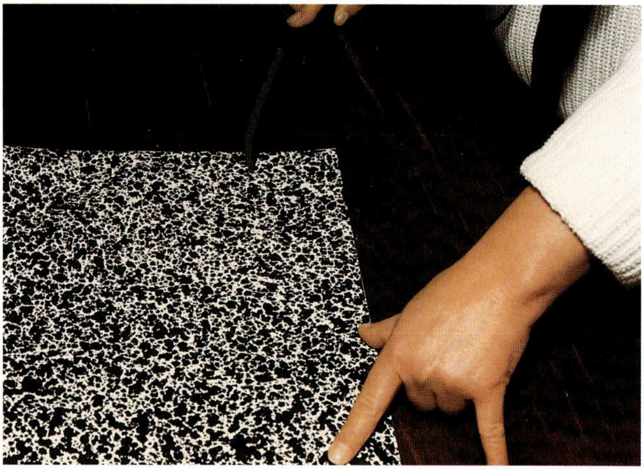

Beachten Sie, daß die Papierinnenseiten aufeinanderliegen. Ist die bedruckte Seite innen, gibt es weiße Schnittkanten. Trennen Sie nun mit einem scharfen Messer oder Cutter.

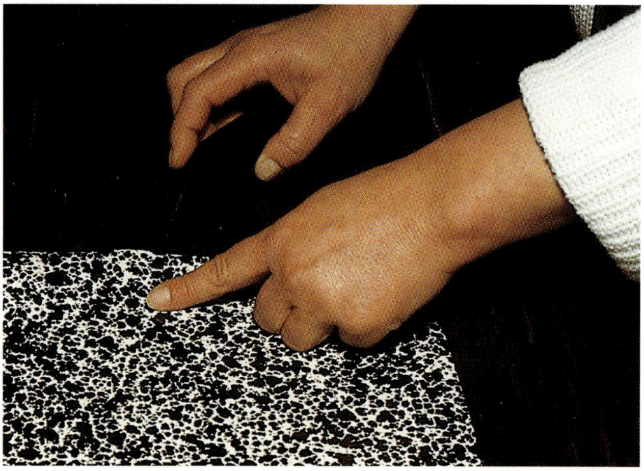

Schlagen Sie die Zugabe des Papiers um – Rand auf Rand –, knicken Sie von der Mitte aus und bringen Sie den Klebestreifen an.

Ziehen Sie das Papier Glatt, achten Sie auf Bündigkeit der Kanten. Entfernen Sie den Schutz des Doppelklebers und drücken dann fest an.

Wählen Sie zwischen 2 seitlichen Verschluß-möglichkeiten.

1. Knicken Sie beide Seitenklappen zur Mitte. Falzen Sie die Schrägen so glatt, daß beim Umbiegen keine „Beulen" entstehen. Die untere Klappe nach oben drücken und die obere nach unten. Falten Sie den Überschlag noch einmal, wenn Ihnen das besser gefällt.
   Mit Doppelklebeband innen, oder mit Zierkleber außen verschließen.

2. Knicken Sie zuerst den oberen Teil bis zum Rand gleichmäßig nach unten. Falzen Sie die seitlichen Abschlüsse ebenso wie oben angegeben, und drücken Sie beide nach innen zur Mitte. Fixieren Sie wieder mit Doppelkleber innen oder Schmuckkleber außen.

Bemessen Sie Ihr Band nach der Größe des Päckchens. Es gibt keine feststehende Regel. Bevor Sie jedoch zuviel Band verschwenden, lassen Sie es auf der Rolle – so können Sie die Zugabe für die Schleife selber bestimmen.

Bemessen Sie die klassische Kreuzverschnürung wie folgt:
2 × Paketlänge, 2 × Paketbreite und Zugabe für Pakethöhe und Schleife nach Belieben. Kreuzen Sie die Bänder flach ineinander, damit sie sich nicht verdrehen. Legen Sie das Schleifenkreuz in die Mitte oder an den Rand, wie es Ihnen am besten gefällt.

Halten Sie mit dem Daumen das untere Schleifenende fest und verknoten Sie die Enden.

Nehmen Sie den Mittelfinger zur Hilfe, um den 1. Knoten festzuhalten, und schieben Sie dann das vordere durch das hintere Ende und verknoten zum 2. Mal.

Fertigen Sie nun Ihre Schleifen.
Sind die Bänder zu lang geraten, fertigen Sie eine Doppelschleife. Sind sie zu kurz geraten, fertigen Sie ein Biedermeier- oder Schlingschleifchen.

Verpackung für runde Dosen oder Flaschen

Sie können natürlich eine „runde Sache" in einen eckigen Karton geben, um sich das Verpacken zu erleichtern, aber dann ist es wieder nur ein einfaches Paket, und diese Technik können Sie ja schon.
Runde Gegenstände einzupacken werden auch Sie lernen, denn auch hier macht nur Übung den Meister. Sicherlich haben Sie schon oft zugesehen, wenn in Porzellangeschäften Ihre soeben erworbenen Gläser zuerst in Seidenpapier und dann in einen Streifen Wellpappe eingerollt werden. Verfahren Sie in Zukunft mit den „unregelmäßigen" Formen genauso. Sie können danach zwischen verschiedenen Möglichkeiten des Verpackens wählen: dem Falten, dem Einschneiden oder Raffen.

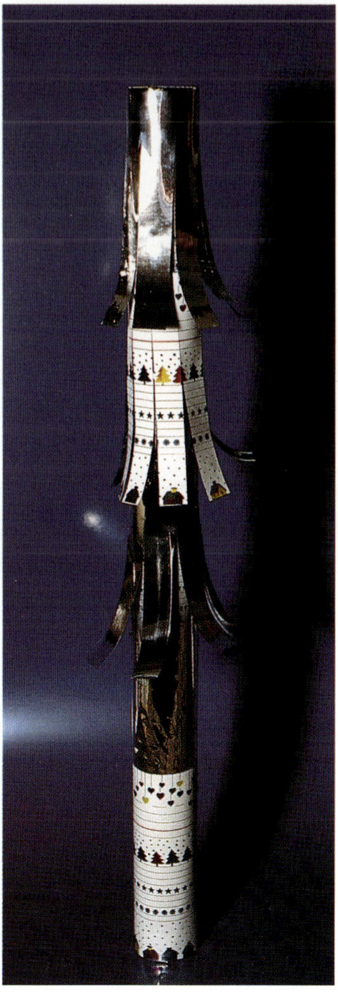

Falten

Verfahren Sie mit den Vorbereitungen wie beim „Einschneiden“. Berechnen Sie die Papierzugabe für den Abschluß wieder bis zur Deckelmitte.
Rollen Sie die Dose wie gewohnt ein. Achten Sie auf Bündigkeit. Drücken Sie das obere Papier lokker zur Mitte. Fertigen Sie den unteren Abschluß beim Üben zuerst, der Obere gelingt dann schon meistens besser. Ziehen Sie nun den Papieranfang straff zur Mitte. Auf diese Weise entsteht durch die Rundung am Dosenrand eine Falte.
Verfahren Sie nun immer gleich, indem Sie die kleinen Knicke am Rand zur Mitte hin fest andrücken und auf diese Weise „falten“.
Schieben Sie nun die letzte unter die erste Falte. Es bleibt Ihnen nur noch, durch passendes Dekor Ihre „Falten“ zu verschönern.

Der gute Rat
Klebestreifen, die vorher auf die Haut gedrückt und dann erst befestigt werden, „verletzen“ kein Papier!

Einschneiden

Der eingeschnittene Abschluß ist der lustigste bei den Rundverpackfungen. Ist die Vorarbeit einmal getan, geht alles wie von selbst.
Sie können Ober- und Unterseite einschneiden, je nachdem, wie Sie Ihren Abschlußdekor wünschen. Sie können aber auch eine Seite beliebig lang lassen und mit Locken versehen.

Bestimmen Sie die Länge des Papiers selber, jedoch eher knapp als zu großzügig. Markieren Sie durch einknicken und trennen Sie wie gewohnt. Bei Ober- und Untereinschneidung Papierzugabe jeweils bis zur Deckelmitte. Papier jeweils umfalten und in Streifen schneiden.

Legen Sie die Dose an die geknickten und eingeschnittenen Ränder, kleben Sie das Papier fest und rollen bis zum Ende des Papiers.

Die vorher umgebogenen und in Streifen geschnittenen Ränder rollen nun von selbst zum Mittelpunkt.

Wollen Sie am oberen Rand „Schillerlocken“ haben, drücken Sie die Papierzugabe in der Mitte zusammen.

Verschließen Sie mit einem Band, verwenden Sie Herz- oder andere Schmuckkleber, oder gar keinen.

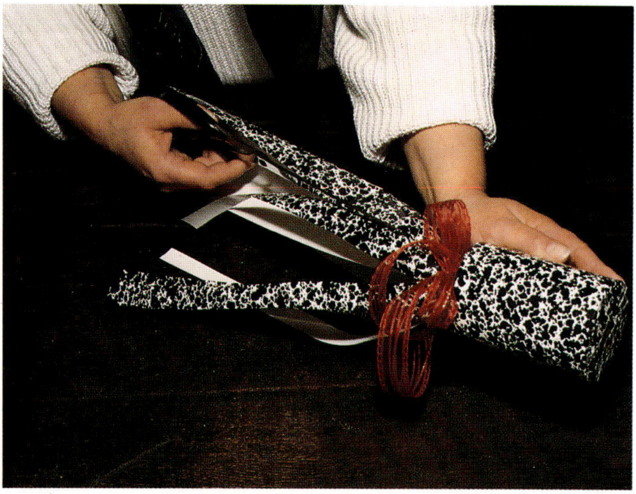

Schneiden Sie die Papierzugabe nun in Streifen. Es gibt bei ungemustertem Papier hübsche Effekte, wenn Sie die Streifen unterschiedlich breit einschneiden.

Halten Sie den einzelnen Streifen fest und ziehen Sie mit dem Messerrükken darüber. Die Lokken werden größer oder kleiner, je nachdem, wie fest Sie über das Papier ziehen.

Wünschen Sie zusätzliche Effekte, rollen Sie die einzelnen Streifen von der Vorder- und Rückseite.

Verpacken Sie in farbiges Folienpapier, sehen nicht nur unterschiedlich geschnittene, sondern auch unterschiedlich stark geringelte Locken sehr dekorativ aus. Lassen Sie einzelne Streifen glatt, gibt es besonders bizarre Gebilde.

Ihnen muß es und den anderen sollte es gefallen.

Raffen

Die einfachste und schnellste Verpackung für runde Gegtenstände. Rollen Sie wie gewohnt ein und achten Sie auf Bündigkeit, damit ein glatter Abschluß entsteht. Drücken Sie nun auf beiden Seiten die Papierzugabe zur Mitte und halten Sie beide Seiten mit einem Bändchen zusammen.

Fertigen Sie „Schillerlocken“ oder lassen Sie einfach die Abschlüsse wie sie sind. Sie können beidseitig z. B. eine Blume anbringen, was wiederum den Effekt erhöht.

Der gute Rat

Papier, das übrigbleibt und keine rechte Form mehr hat, können Sie für kleinere Päckchen auf Vorrat zurechtschneiden. Schleifen oder Bänderreste können Sie ebenso aufheben und gegebenenfalls einen lustigen bunten Bänder-Troddel daraus fertigen.

Nocheinmal beide Päckchen, harmonisch aufeinander abgestimmt.

Flaschen

Ein unerschöpfliches Thema, wobei sich die Schwierigkeit meistens bei runden Flaschen ergibt. Im Prinzip ist der Verpackungsvorgang der selbe wie bei anderen runden (!) Gegenständen.

Bemessen Sie Ihr Papier so, daß auf der Rückseite kein zu großer Übertritt ist.
Falzen Sie den oberen Papierteil rechts und links und legen Sie das Papierende nach hinten um.
Gestalten Sie nun, wie Sie wollen. Flaschen sind doch recht anregend – oder nicht?!

Vorschläge für den oberen Abschluß

1. Versehen Sie den oberen Abschluß mit Locken wie bei der Dosenverpackung beschrieben.
2. Ziehen Sie eine Schleife durch den Umschlag, die Sie dann wahlweise rechts, links oder in der Mitte binden können.
3. Versehen Sie den oberen Abschluß mit einem Umschlag nach vorne. Schneiden Sie den Umschlag über die gesamte Breite längs ein und verkleben Sie ihn unsichtbar.
4. Bei Folienverpackung wählen Sie einen gerollten Abschluß, wobei ein Band einfach senkrecht auf die Verpackung verdeckt aufgeklebt wird. Den mittleren Faden des Bandes kräuseln Sie durch leichtes Ziehen. Die entstandenen Kräusel können Sie dann nach Belieben verteilen.
5. Fertigen Sie ein Gesicht aus leichtem Zeichenkarton, das mit Haaren oder einem Hütchen versehen werden kann. Kleben Sie ihm einen Bart an und stekken Sie ihm eine Zigarette in den Mund. Auf jeden Fall eine originelle Verpackungsidee, mit der Sie Aufsehen erregen werden.
6. Gestalten Sie mit der Kordel: Befestigen Sie rechts und links an der gesamten Flaschenhöhe ein doppelseitiges Klebeband. Drehen Sie nun vorsichtig Lage für Lage der Kordel hoch, bis Sie am Flaschenhals angelangt sind. Knoten Sie die Kordel in sich und lösen Sie das Endstück in der Länge Ihrer Wahl in seine einzelnen Kordelstränge auf, lassen Sie die Stränge einfach lustig herunterhängen.

Der gute Rat

Streifen, die zu fest gezogen wurden, können Sie vorsichtig auf der Rückseite „gegenziehen“. Sie bekommen dann wieder die gewünschte Form!

Schleifen

Es gibt eine Reihe von Möglichkeiten, Schleifen selber herzustellen. Bevor Sie jedoch unnötig viel Material verschwenden, weil Sie die Technik nicht beherrschen, nehmen Sie eine von den oft sehr hübschen fertigen Schleifen oder ein Band, das Sie zur Schleife ziehen können.
Bedenken Sie, daß oft ein einfaches Schleifchen wirkungsvoller ist als üppiges Gekringel.

Sie können durchaus verschiedene Bänder miteinander kombinieren. Farblich aufeinander abgestimmt oder Ton in Ton, das bleibt Ihnen überlassen.

Da aber der Kreativität keine Grenzen gesetzt sind, finden Sie bestimmt zu Ihrer Lieblingsschleife.

Von mir nun einige Vorschläge zur Anregung und zum Nacharbeiten.

Die 3lagige Schleife

Sie können Sie aus jedem Material fertigen. Bestimmen Sie genauso die Größe selbst. Die jeweilige Bandlänge richtet sich danach. Legen Sie nun das Band wie ein S zusammen und lassen Sie Anfang und Ende etwas herausragen. Das Knüpfband über der Mitte festziehen. Nehmen Sie es zur Befestigung, verwenden Sie lange Knüpfbänder und knoten nach unten.
Nehmen Sie die Knüpfbänder als zusätzliches Dekor, knoten Sie nach oben.

Schlingschleife einfach

Haben Sie, obwohl es genügend vorgefertigte Schleifen im Handel gibt, gerade keine zur Hand, möchten aber trotzdem Ihr Geschenk mit einer Schleifendekoration versehen und sind zu allem Überfluß kein Schleifenkönner, fertigen Sie die einfachste aller Schleifen!

Legen Sie das Band um das Päckchen, das lange Stück bleibt oben, das kürzere Stück ziehen Sie zum Knoten unten durch. Halten Sie mit dem Zeigefinger den Knoten fest und legen Sie das längere Ende zur Schlinge. Nehmen Sie nun die Schlinge und ziehen Sie sie unten durch zum 2. Knoten.

Schlingschleife mehrfach

Legen Sie diese Schleife so oft in Form einer 8 um den gespreizten Zeigefinger und Daumen wie Sie die Schlinge wünschen.
Lassen Sie das Band auf der Rolle und schneiden Sie nach Erreichen der gewünschten Schlingungen mit kleiner Zugabe ab. Geben Sie den kürzeren Teil über den Mittelpunkt und zum direkten Befestigen unter der Paketverschnürung durch.
Damit die Schleife Festigkeit bekommt, schieben Sie noch einmal das Band unter dem Knoten durch und ziehen fest. Es bleibt Ihnen nur noch, die einzelnen Schlingen in die richtige Position zu bringen.

Der gute Rat

Schleifen für die Geschenkpäckchen können Sie auf Vorrat herstellen. Es verkürzt die Packzeit in besonders eiligen Fällen und gibt Ihnen die Möglichkeit, unter den verschiedensten Arten zu wählen.

Biedermeier-Schleife

Der Ursprung dieser Schleife ist auf die Kleider der Damen aus der Biedermeierzeit zurückzuführen, die über und über mit diesen Schleifen dekoriert waren. Die Floristen haben sie dann irgendwann für sich in Anspruch genommen, um ihre Sträuße attraktiver zu gestalten. Warum also sollte ein Geschenkpäckchen keine solche Schleife zieren?

Legen Sie ein Band zur Schlinge, so daß die Schmuckseite immer oben bleibt. Drücken Sie den Bogen gegen den übereinander gelegten Punkt. Legen Sie ein Knüpfband senkrecht darüber und ziehen Sie dann die Schleife bis auf den gewünschten Punkt und verknoten Sie sie.

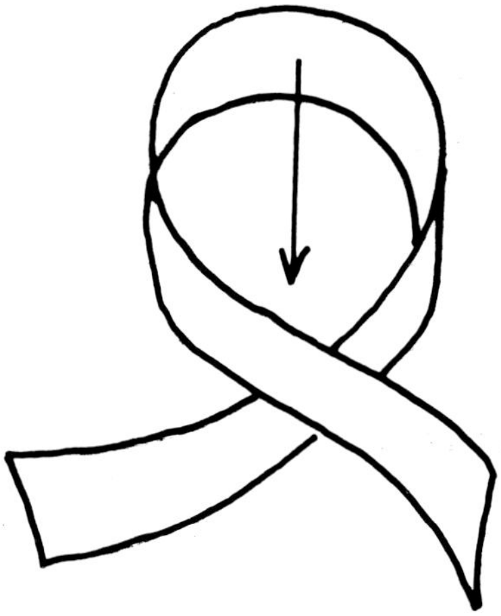

1.

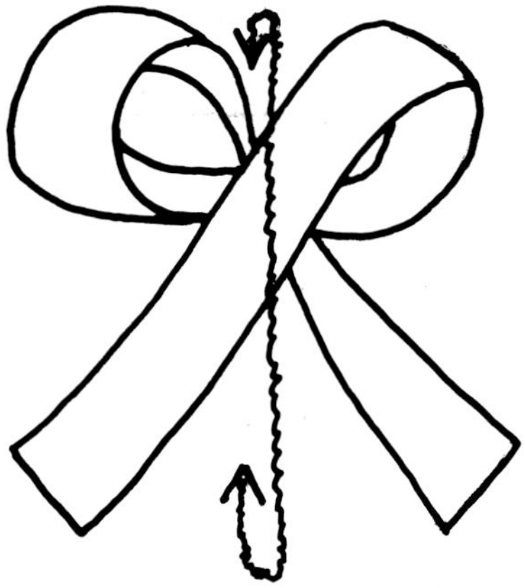

2.

3.

4.

Ringschleife

Eine einfache, aber sehr dekorative Art eine Schleife herzustellen.
Wickeln Sie das Band zu einem Ring, den Sie beliebig groß herstellen können, und dann größer werdend nach rechts und links, so oft es Ihnen gefällt.
Kleben Sie die einzelnen Rundungen nicht einfach in der Mitte mit Klebeband zusammen, sondern befestigen sie jede einzelne Lage mit Doppelkleber.

Pompon

Ebenfalls für jedes Band geeignet. Jedoch ist es schöner, wenn das Band etwas dichter ist, da der Pompon einen besseren Stand bekommt. Länge und Größe bestimmen Sie wieder selbst.
Legen Sie das Band so oft um die Finger, wie Sie die Dichte des Pompons wünschen. Halten Sie den Anfang in der Innenhand zwischen Zeige-und Mittelfinger fest und enden Sie auf der Handrückseite. Die einzelnen Lagen sollen bündig sein und flachgedrückt werden. An beiden Enden die Spitze abschrägen, die Rolle öffnen, die Schnittstellen gegeneinander drücken und mit einem Band verknoten. Ziehen Sie nun von innen die Schlingen auseinander und drehen und kreuzen Sie, damit ein gleichmäßiger Pompon entsteht.

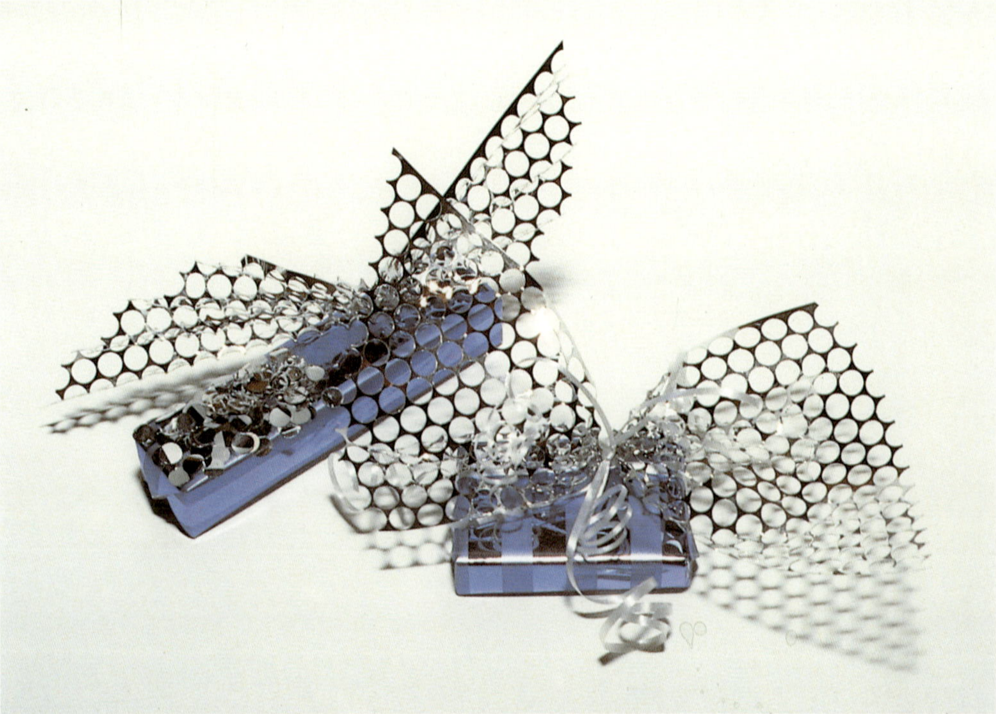

Aus der Natur

Wie eingangs schon erwähnt, finden wir eine Vielzahl von Materialien in der Natur. Bedenken wir, das ganze Jahr ist Saison vor der Haustüre, ob sie mit dem Gänseblümchen anfangen oder mit dem trocknen Eichenblatt aufhören. Ob Sie von Ihrem Papagei die ausgefallenen Federn aufheben oder ob Sie Ihrem Farn zwei Wedel nehmen. Fantasie kennt wirklich keine Grenzen.

Lassen Sie sich inspirieren. Nach einiger Übung verarbeiten Sie die bei Ihrem Schreinermeister entdeckten Hobelspäne für eine besonders aparte Verpackung. Sie finden bei einem Spaziergang einige Schneckenhäuschen und fügen sie Ihrer Materialsammlung bei. Der Herbststrauß aus Ähren wird im Laufe des Winters immer dünner und Ihre Päckchen immer schöner. Die Nüsse auf dem

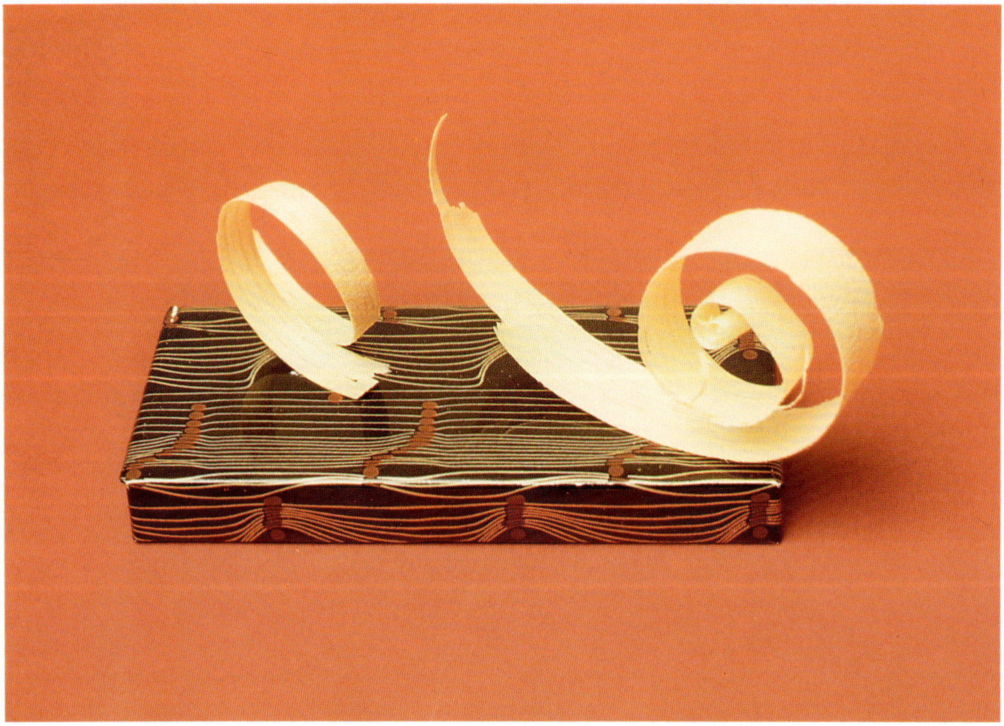

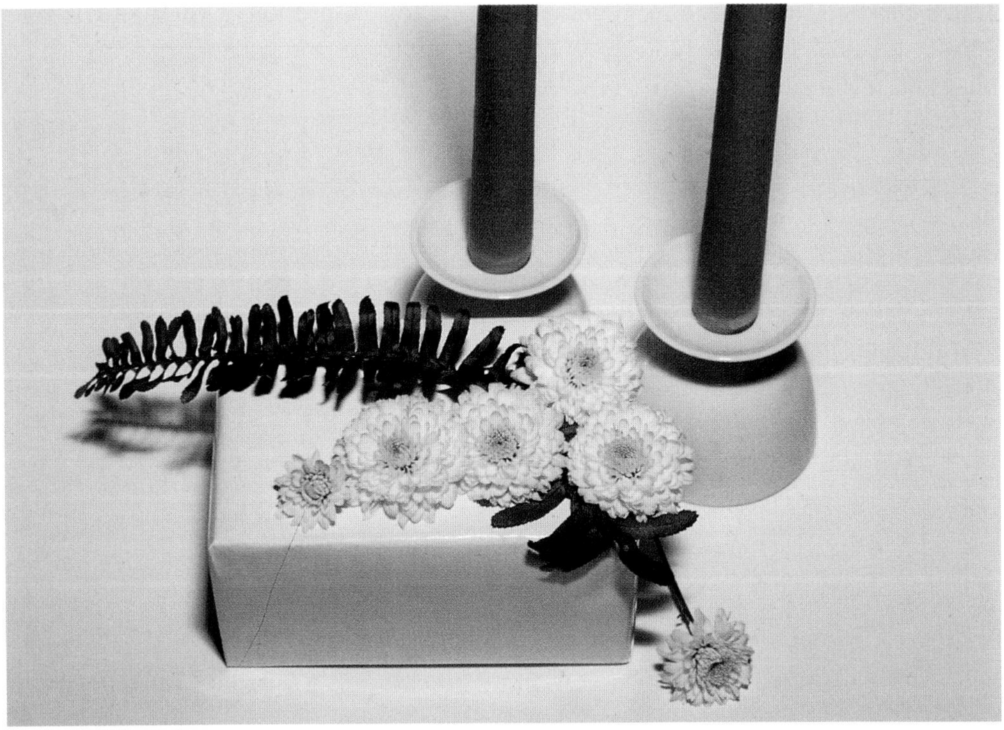

Teller werden nicht mehr gegessen, sondern landen auf den Geschenkpäckchen. So geht das immer weiter, und auf einmal bemerken Sie, daß Sie nun in der Lage sind, mit viel Charme ein ganz besonderes Päckchen zu überreichen. Sie finden es auf der letzten Seite dieses Büchleins.

Ganz ehrlich – es geht wirklich auch einmal auf diese Weise, gerade wenn am Samstagnachmittag kein Schnippelchen Geschenkpapier aufzutreiben ist.

Der gute Rat

Trockenblumensträuße, die Ihnen nicht mehr so recht gefallen, sollten Sie nicht in den Abfall werfen. Suchen Sie die schönsten Blüten heraus und bewahren Sie diese für Ihr nächstes Päckchen auf.

Mit Folien arbeiten

Da steht an allererster Stelle die im Haushalt oft verwendete Alu-Folie. Gern wird sie zum Verpacken von Geschenken genommen. Sie können aber ebensogut Blüten aus dieser Folie herstellen und diese dann einfach mit einem entsprechenden Band auf eines Ihrer Päckchen kleben.
Legen Sie von einem ca. 30 cm langen Stück beide Enden zur Mitte und drücken die Folie flach. Mit beiden Daumen und Zeigefingern „kräuseln" Sie die Mitte und biegen beide Teile gegeneinander, so daß eine Doppelrüsche entsteht. Drehen Sie aus dieser Rüsche einen Kreis und drücken den inneren Teil zur Knospe und den äußeren zu offenen Blütenblättern.

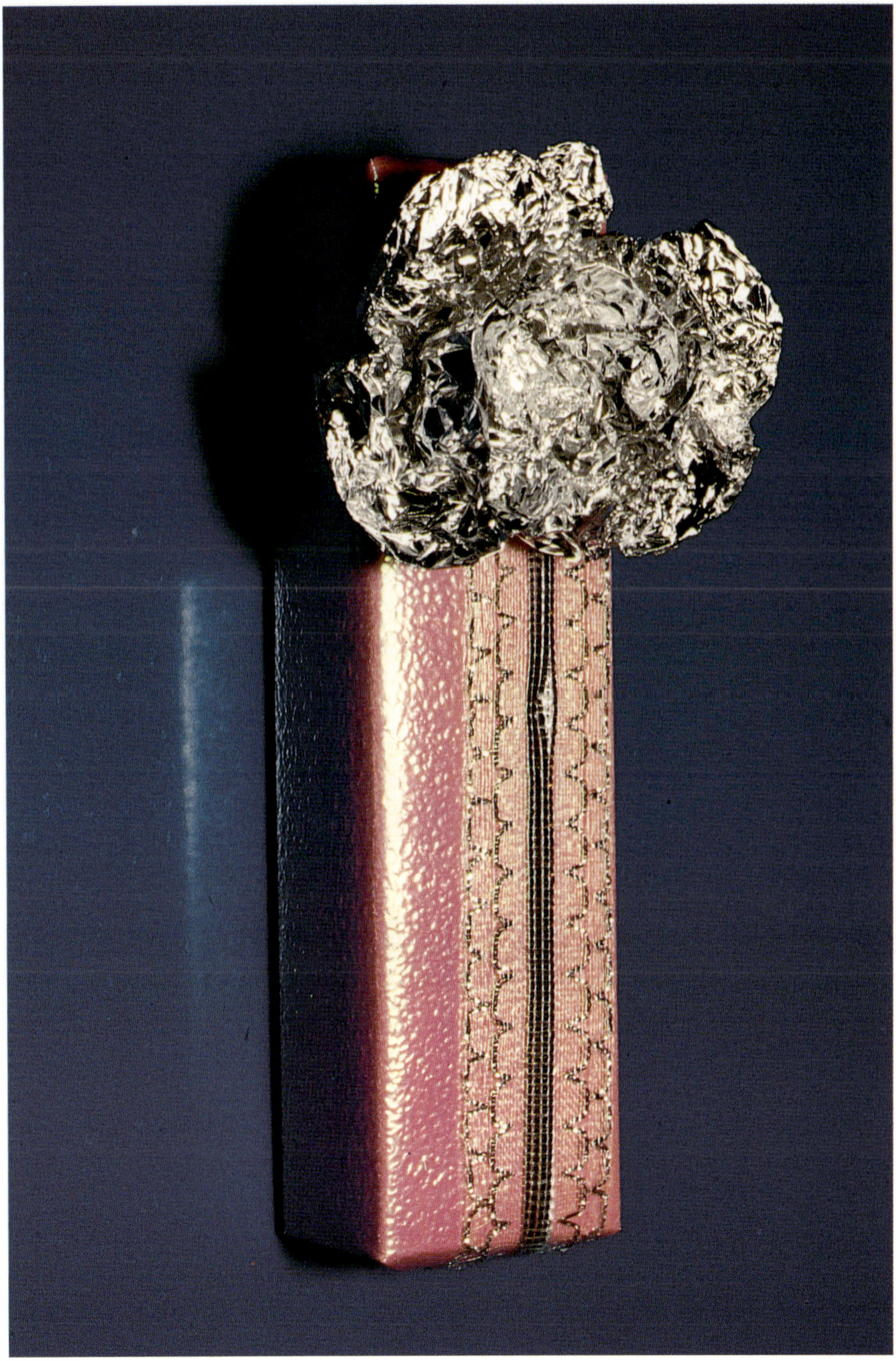

Dekorative Effekte erzielen Sie, wenn Sie mit Klarsichtfolie arbeiten. Besonders attraktive Geschenke können Sie auf diese Weise „sichtbar" verpacken. Die Rüsche aus Klarsichtfolie fixieren Sie am unteren Paketteil mit Klebestreifen (milchiges „Magic"-Band; es paßt sich besser an) und „kräuseln" wieder mit beiden Daumen und Zeigefingern. Versehen Sie die Rüsche mit einem Band nach Ihrem Geschmack. In dem mit Alu- und Klarsichtfolie versehenen Päckchen ist nichts anderes als eine Blumenzwiebel.

Verschenken Sie doch einmal ein Meer von Blumen in der nicht üblichen Form. Es wäre ein guter Anlaß zu einem „runden" Geburtstag, aus einem solchen Päckchen eine ganze Kette herzustellen. Zugegeben, es ist etwas mühevoll, aber stellen Sie sich vor, wie schön es ist, wenn im Frühling ein ganzer Fleck von Blüten im Garten an Sie und Ihr Geschenk erinnert.

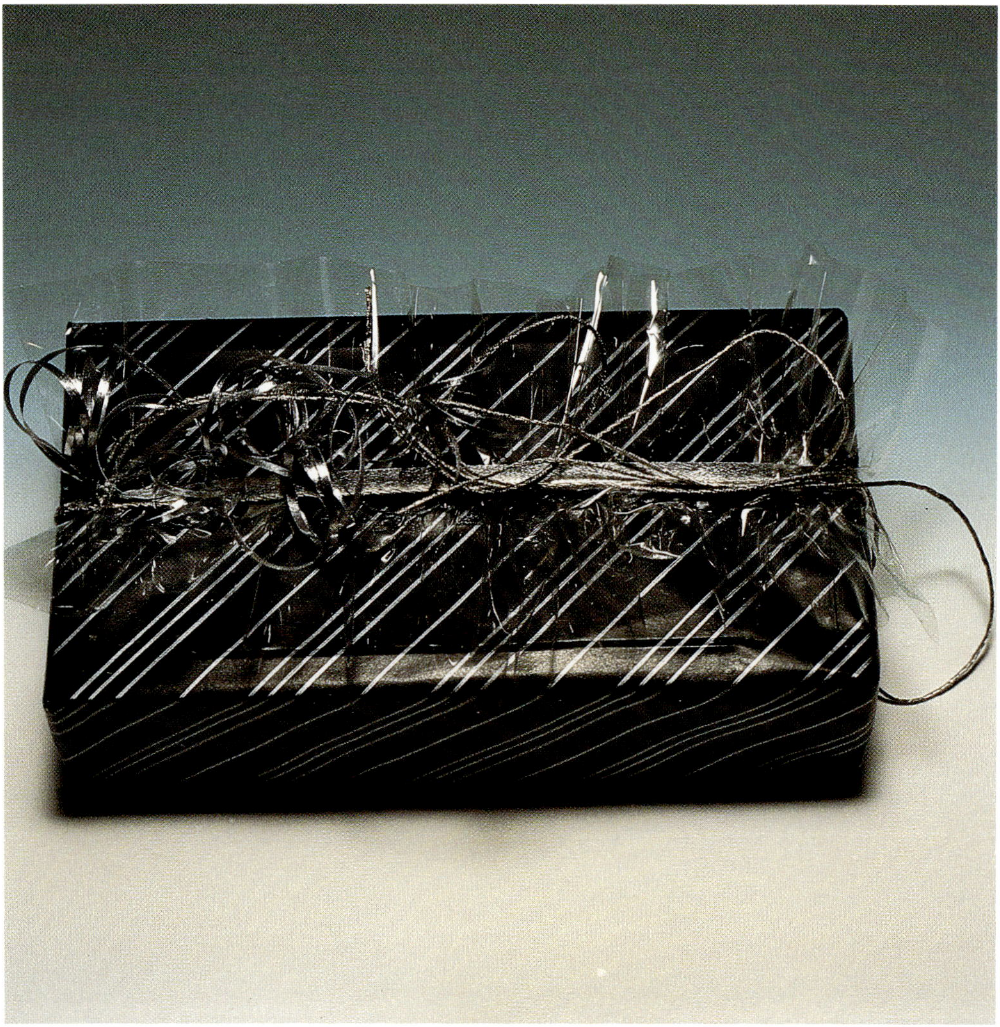

Werkstoff Papier

Gestalten Sie doch einmal ein Päckchen mit Papier als Dekor. Ein Material, das fast alles möglich macht. Ein Zeichenkarton hat die nötige Stärke, um der Form Stabilität zu geben. Verpacken Sie auf diese Weise eine Flasche. Geben Sie der Flasche ein Gesicht. Ein lustiges, ein verwegenes. Es ist wirklich ganz einfach, denn Sie verwenden nur in Streifen geschnittene und gezogene Bänder und Rollen. Ihrer Fantasie und Erfindungsgabe bleibt es überlassen, wie Sie dieses Gesicht gestalten!

Wesentlich einfacher ist es, die Schnecke oder das Bäumchen herzustellen. Versuchen Sie es doch einmal. Den glatten Streifen der Schnecke schneiden Sie, bevor er in der Rundung mit Doppelkleber fixiert wird, an zwei Stellen mit dem Trennmesser ein. Mit Daumen und Zeigefinger den Klebepunkt festhalten, und mit der Rückseite der Schere das Schneckenhäuschen ziehen, und die Fühler aus den Schnittstreifen in die richtige Position bringen.

Das abgebildete Bäumchen können Sie auf verschiedene Weisen herstellen. Das einfachste Verfahren ist das Zusammenwickeln eines Rechteckes (oder Dreieckes), das auf der Längsseite kammartig eingeschnitten ist.

Die Streifen rollen sich, wenn man sie scharf über den Rücken eines Messers oder einer Schere zieht.

Ob glatt oder gerollt, kleben Sie *Ihr* Bäumchen mit Doppel- oder Schmuckkleber auf *Ihr* Päckchen, und ich bin überzeugt, es werden Ihnen noch viele Varianten zu diesem Thema einfallen.

Der gute Rat
Besonders schöne Kalenderblätter sollten Sie aufheben und einmal ein Päckchen auf diese Art gestalten.

Anhang

In diesem Büchlein wurde besonderer Wert auf das Bild gelegt. Wurde Ihre Fantasie angeregt, so hat sich mein Wunsch erfüllt, in Ihnen die Freude am Gestalten eines Geschenkpäckchens zu wecken.

Auf den letzten Seiten zeige ich Ihnen einige Möglichkeiten, wie Sie Ihr Geschenkpäckchen mit einem anderen dekorativen Gegenstand hübsch kombinieren können.

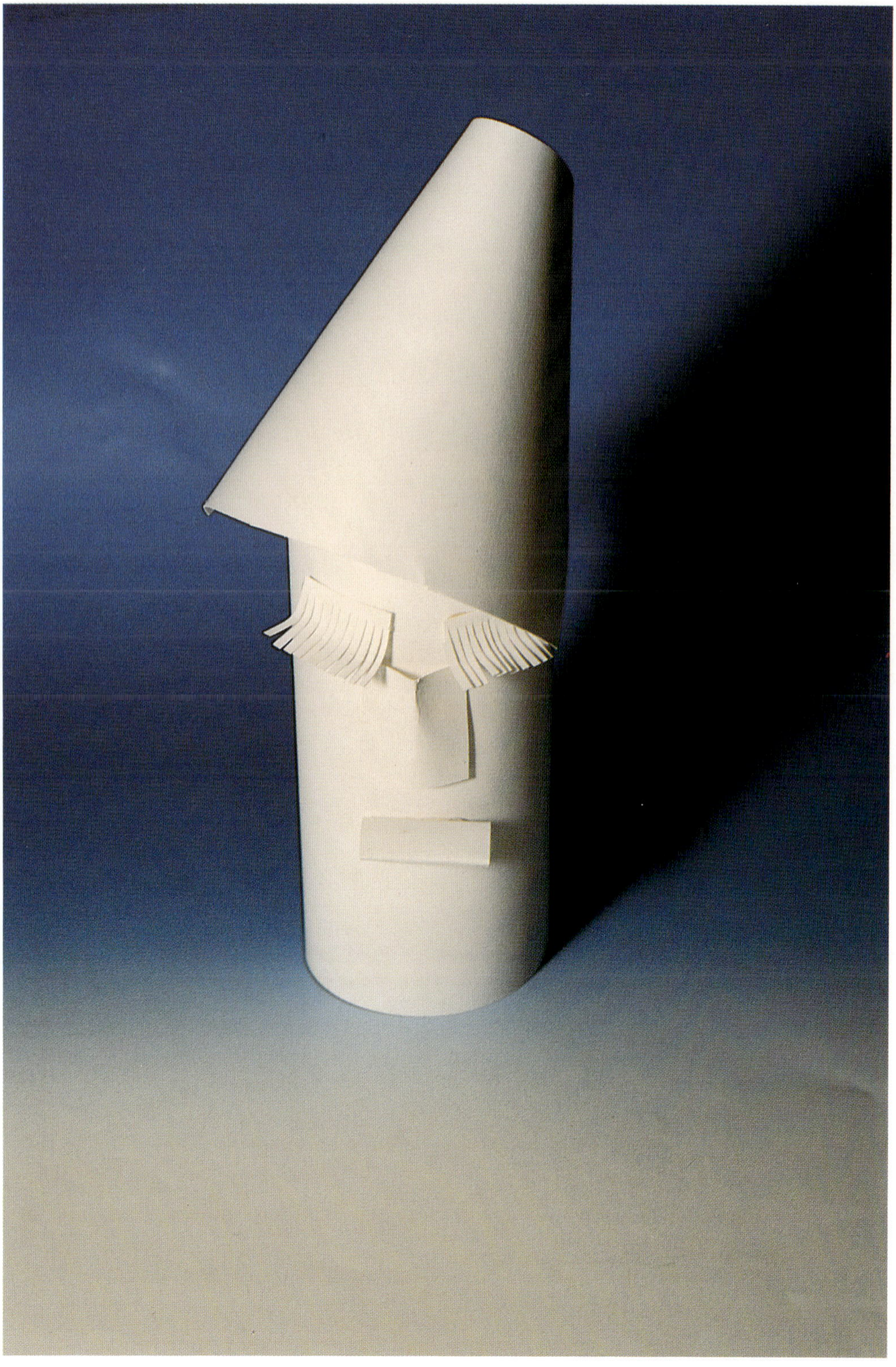

Na dann – viel Spaß